DOCUMENTS INÉDITS

SUR LES DROITS RÉGALLIENS

DES ÉVÊQUES DE SAINT-PAUL-TROIS-CHATEAUX

PAR

M. L'Abbé FILLET

(Extrait du *Bulletin du Comité des Travaux historiques et scientifiques*, Section d'histoire et de philologie, année 1891).

PARIS

ERNEST LEROUX, ÉDITEUR

28, RUE BONAPARTE, 28

1892

ANGERS, IMP. BURDIN ET Cie, 4, RUE GARNIER

DOCUMENTS INÉDITS

SUR LES DROITS RÉGALLIENS DES ÉVÊQUES DE SAINT-PAUL-
TROIS-CHATEAUX.

Communication de M. l'abbé Fillet, curé d'Allex (Drôme).

Des historiens du siècle dernier donnent le texte de privilèges des années
852, 1154, 1214 et 1238, accordés par les empereurs aux évêques de Saint-
Paul-Trois-Châteaux [1]; mais la comparaison du texte du privilège de
852 avec celui du privilège de 1154 a rendu celui-là suspect aux yeux d'un
savant de la Drôme [2], et l'examen que M. Léopold Delisle a fait d'un
parchemin contenant le texte du privilège de 1154, sans en faire contester
l'authenticité, a amené des conclusions qui ne lui sont pas très favorables [3].
Quant à l'enregistrement de ce dernier privilège dans les recueils de Böh-
mer (n° 2337) et de Stumpf-Brentano (n° 3686), il n'a été fait que d'après
la *Gallia*, qui donne elle-même l'acte d'après le parchemin susdit.

La question d'authenticité et de véridicité de ces deux chartes ne manque pas d'intérêt; mais nous n'avons pas l'intention de l'examiner en
ce moment; ce sera chose à faire quand nous composerons notre *Histoire de la ville et des évêques de Saint-Paul-Trois-Châteaux*. En attendant
l'exécution de ce projet, nous croyons bon de signaler aux érudits quatre
actes inédits relatifs aux droits régaliens de ces évêques de Saint-Paul.
Ils éclairent singulièrement la question dont nous parlions. Nous n'en
avons pas les originaux; mais ils nous ont été fournis par des vidimus
du xv° siècle parfaitement en règle, et nous leur trouvons tous les carac-
tères de sincérité requis pour les mettre au dessus de tout soupçon de
fraude. Il y a quelques mots transcrits d'une manière inexacte par le
copiste du xv° siècle; quelques autres manquent par suite de trous au
papier plus de quatre fois séculaire et tombant en morceaux, où il était
plus que temps de recueillir ces actes précieux, car il n'en existait pro-
bablement ailleurs aucune copie. Ces défauts de double sorte, heureuse-
ment peu nombreux et de minime importance, ont d'ailleurs pu être
corrigés en partie, grâce à une étude attentive et très patiente du con-
texte. Ajoutons que, grâce au concours aussi bienveillant qu'éclairé de
l'excellent archiviste de la Drôme, dans le dépôt duquel nous avons trouvé
les vidimus [4], notre transcription a eu tous les soins possibles.

[1] Boyer de Sainte-Marthe, *Hist. de l'église cathédrale de Saint-Paul-Trois-
Châteaux* (Avignon, M. DCC-X), pp. 31, 39-40, 60-2, 77-9 et 90; — *Gallia Chris-
tiana*, édit. Piolin, tom. I, col. 710, 713, 715-6, et instrum , p. 120-1.

[2] A. Lacroix, *L'arrondissement de Montélimar*, VII, 343 et 347.

[3] Lettre du 28 janvier 1888, à M. le Préfet de la Drôme.

[4] Arch. de la Drôme, fonds de l'évêché de Saint-Paul, registre formé au
xv° siècle. Nous le désignons par A, afin de le distinguer d'un autre du même
genre, désigné par B et faisant partie du même fonds. Ces deux recueils,
dont nous avons pris une copie, sont également connus sous le nom de *Cartulaire de l'évêché de Saint-Paul-Trois-Châteaux*.

A ces quatre actes, qui vont du commencement du XII⁰ siècle au milieu du XIII⁰, nous en joindrons un autre, qui est de 1461 et se rapporte au même objet. Sa partie essentielle, de beaucoup la plus considérable, est en langage vulgaire de Saint-Paul.

Ces cinq documents n'ont pas seulement l'importance qui en ressort pour l'histoire de Saint-Paul-Trois-Châteaux et de son évêché à une époque déjà ancienne. Ils contiennent sur les usages, le commerce et l'industrie de notre région sud-est de la France à la même époque, des détails que nous n'avons trouvés nulle part ailleurs.

I

13 avril 1168.

[De juribus mangueneriorum et macellariorum et aliis episcopo Tricastrin. pertinentibus](*).

Quoniam nolumus que racione aguntur ut oblivioni tradantur, idcirco ego Poncius de Port, gratia Dei Tricastrinus episcopus, et canonici mei, placitum quod cum filiis Rodulphi Graneti egimus, id est Rodulpho, Guilh⁰, Leodegario, Gibelino, Petro, Umberto, scripture assignari precepimus. Est autem talis ipsa pacifficacio : In primis, de omni proclamacione que venerit ad bajulum episcopi tam de clericis quam de militibus et filiis eorum ac reliquis omnibus hominibus seu feminis manentibus vel convenientibus in civitate Tricastrina privatis et extraneis, ipse bajulus ex utraque parte accipiat firmanciam et diffiniat causam illam, etiam sine viccario, et habeat inde justiciam suam, nisi condonare voluerit. Verumtamen, si aliqua proclamacio venerit ad successorem Rodulphi, qui tunc tenuerit vicariam, quoniam unus tantum vicarius erit, ipse accipiat firmanciam et non placitet de ea sine baju... episcopi aliquo modo, nec bajulus episcopi sine eo, de illo clamore, nisi ipse vicarius consencerit; rursus, si talem querimoniam aut aliam bajulus et vicarius placitare noluerint vel non potuerint, redeat causa ante episcopum et terminetur ad suum mandatum, et assumat inde justiciam suam. Quod autem de aliquo placito sive de aliquibus placitis pro justicia erit assumptum de amico aut de inimico, in tres porciones dividatur et una ex illis vicariam contingat, exceptis justiciis omnium clericorum et militum ac filiorum ipsorum privatorum et extraneorum, necnon et judeorum manencium vel convenien(cium) in civitate Tricastrina. Si vero episcopus quod pro justicia assumptum fuerit de a[li]quo plac[i]to seu de aliquibus placitis reddere vel condo[n]are voluerit, ipse vicarius similiter faciat in hac pacifficacione predicti filii Rodulp[hi si]ne omni fraud[e] amodo et usque in sempiternum pro semetips(is) et success(oribus) suis omnibus relinq[ua][n]t

<hr>

(*) *Cartulaire de l'évêché de Saint-Paul-Trois-Châteaux* (ms.), reg. A. fⁱ 181-3, vidimus du 24 mars 1466, fait sur « quodam libro seu pecia libri biblie magne seu magni voluminis dicte ecclesie Tricastrinensis, » qui était « in archivis ecclesie Tricast. »

in manu episcopi illam legem quam querebant de tercia parte justicie in clericos et milites ac judeos, hoc tantum retento quod, si aliquis clericus fecerit fieri certum juratum et forte homo pro ipso pugnaturus victus fuerit vel post jusjurandum se recrediderit, de justicia quam episcopus inde assumpserit terciam partem vicarius habeat. Preterea, predicti fratres, sine omni fraude, amodo et usque in sempiternum pro semetipsis et successoribus suis omnibus reliquerunt in manu episcopi credenzam quam querebant super manganerias (¹) et super massell[arios] et super reliquos homines et las toutas et las malas preysous universas et omne[m] deci(m)am quam habebant vel habituri fuerant in civitate Tricastrina et in toto territorio ejus, et in villa Sancti Restituti et in toto territorio ejus, et castellionem, montem episcopalem cum silva et venacione. Hanc paciffi-cacionem fecerunt predicti fratres tali pacto ut nullo jure nullo modo ipsi vel successores eorum ulli episcopo Tricastrino eam infringere valeant, et ad id tenendum se et sua omnia ypothecario et fidejussorio jure obli-gatione. Hanc paciffcacionem laudavi ego Poncius de Port Tricastrinus cum meis canonicis, et *Rodulphus cum omnibus suis fratribus.* Pro hac vicaria quam tenet vicarius Tricas[trin.] ab epis.opo Tricastrino debet ei tale servicium exhibere, latrones et reliquos homines dampnandos prout rigor justicie dictaverit punire, sediciones ac lites in foro et nundinis di-rimere, ad caus(as) diffiniendas cum episcopo seu bajulo ejus consistere, nec aliqua p(er)cie(m) (*lire* perniciem) manutenere, ac per omnia domino suo fidelitatem servare. Hujus paciffcacionis testes sunt Poncius Balda, Petrus Poncius de Mondrago, Petrus Arnulphus, Petrus Geraldus, Petrus de Port, Rostagnus Rodulphus dolibus (?), reliqui plures de saucto Res-tituto, ac fere omnes homines Tricastr. Facta est hec concordia anno ab Incarnatione Domini mº c viijº, feria prima, idus aprilis, luna xxjª con-currente sexta inditione xiijª.

II

Environ 1200.

[*De usaticis quæ percipit episcopus Tricastrinus in civitate Tricastrina* (²)].

He sunt consuetudines seu usatica que percipit episcopus Tricastrinus i[n civitate] Tricastrina. Primo, de sextario annone si[v]e bladi sive avene s[ive   ] et hujusmodi quod emitur vel venditur in eadem civitate vel in toto [territorio et] tenemento ejusdem civitatis, datur epis-copo ejusdem loci a civibus suis qui vend[unt   ] una muchada claus[a], et de una emina dimidia muchaa; nisi sint liberi, [ut] milites et canonici, et clerici, c[h]orarii et subchorarii, et judei; sunt eciam quedam dom[us] libere in eadem civitate, ut [dom]us Poncii Vilete, domus Aalrici, domus Chovis, domus Juliani, domus Bern[ardi] Englez, domus Poucii Sa-

---

(¹) *Il faut sans doute lire* manganerias.
(²) Inséré à la suite de l'acte nº IV.

labardi quam emit a Stephano Julota, domus S[tep]h(an)i Villandi, domus
Pe(tri) Gaufridi, domus Joh(annis) de Nabona, domus Stephani B[   ],
domus Xpistofori de Solerino, domus Joh[annis] Deus lo gart [1], que con-
frontatur cum do[mo] proxime dicta, domus de Nasagoina; vel m[agni]
sint feudatarii episcopi Tricastrini, qui, licet sint extranei, liberi sunt
de supr[adicti]s, ut domini de Petralapta [et] feudatarii sancti Restituti et
castri de Balmis, et Berastus de Chamareto, feudatarius episcopi supra-
dicti [2] et dominus et milites de Barre et dominus de Solerino, et nullus
supradictorum feudatariorum dat lesdam vel pedatgium vel nundinas sive
forrum; tamen homines supradictorum liberi non sunt a supradictis, sed
solvere tenentur. De sextario autem annone et supradictorum dant extranei
de quolibet sextario unam cossam, et de qualibet emina dimidiam cossam.
De illis autem extraneis qui extrahunt annonam vel amigdala vel quodlibet bladum, accipitur de quolibet sextario una pogesia sive de saumata
denarius unus, et transeuntes, de saumata quam deferunt de loco ad lo-
cum dant denarium unum pro pedatgio. De saumata salis datur obolus pro
pedatgio, et de carterone salis si vendatur datur tantum de lesda quantum
datur pro vestitura illi qui emit sal, obolata salis. De omni fuste seu ma-
teria lignea datur obolus pro pedatgio, et si vendatur similiter datur obolus
pro lesda. Item, de omni vase ligneo, sive sit vinarium, sive tina, sive arch[a,
au]t balneatorium, quod venditur, ab extraneo datur obolus pro lesda,
sive vend[at sive e]mat. Item, pro saumata circulor(um) datur unus denarius ab extra[neo tam] emptore quam venditore; et de onere circulorum
quod defertur ad Rod[anum d]at[ur] obolus. Item, in omni bestia que defert
onus ferri, calibis sive acer grec, cupri, plumbi, cere, oley, sepi, sagiminis,
picis, [   ]otis, molaa, piscis salsati, casei, canabi vel stupe vel panno-
[rum quo]r(umlibet), pellium, lane et lini et hujusmodi, accipiuntur quatuor den[arii tam] pro pedatgio quam pro lesda, sive transeant sive vendantur. It[em,   ]lenus transiens nichil dat, vendens autem dat denarium unum. Item, de centum allecis que vendantur datur unum allec.
Item, unusquisque corraterius dat denarium unum qui venit ad mercatum; si vero unus assumat alium ad societatem, quilibet dat denarium.
Item, sabatarius dat obolum unum. Item, tabularii merces div(er)sas
vendentes vel species dant unum obolum. Item, quolibet anno a festo
Sancti Nicholay usque ad Carnisprivium dat semel quilibet coiraterius
veniens ad mercatum sex denarios pro luminari Santi Sulpicii, et quilibet
sabatarius quatuor denarios pro eodem, et hoc intelligitur tam de extra-

[1] Un acte de 1250 parle d'un hebdomadier de Saint-Paul nommé Ponce
Albert et successeur de Jean *Dieulogart*, prêtre. (*Cartul. de l'évêché de Saint-
Paul-Trois-Châteaux.*, reg. B, f. 86 r°).

[2] Barast de Cham., grand feudataire de l'évêque de Saint-Paul, était proba-
blement père d'Almeric de Ch., qui en 1224. rendit hommage à l'évêque d'alors
pour tout ce que son aïeul avait reçu en fief de Bertrand de Pierrelate (évêque
de 1193 à 1206) à Chamaret et à Valréas. (Boyer de Sainte-Marthe, *Hist. de
l'église cathédr. de Saint-Paul-Trois-Châteaux*, p. 8.)

neis coirateriis et sabateriis quam de civitatensibus, et ipsa die qua solvunt predicta non tenentur solvere lesdam de coriis vel sotularibus. Item de omni re ponderata a viginti quinque libris infra nichil accipitur, sed de quintali accipitur unus denarius tam ab emptore quam a venditore extraneis, non a civibus, et de carterone accipitur una pojezia. Item, de omni bestia deferente extra nucleos amigdalar(um) vel nucum accipiuntur tres denarii pro pedatgio, et, si deferat integras scilicet cum testa, accipitur unus novus denarius, et hoc intelligitur de extraneis, non de civibus. Item, mercerii venientes ad mercatum dant unam pogesiam, et in nundinis dant duos d(enarios). Item, de saumata panis dat unum obolum, et, si panis deferatur in humeris vel in capite, deb(et) una(m) pog. pro lesda. Item, saumata cepe sive cepar(um) seu porror(um) seu alhor(um) seu rapar(um) seu caulium dat unum ob(olum); de sem(in)ibus vero istorum ij [o]b(ol). Item, saumata cujuslibet generis fructuum dat unum obolum pro pedatgio sive lesda; si v(er)o deferatur in capite vel humeris, da[t(ur) j] pog(esia). Item, in oleo quod defertur in humeris vel capite et in nund[ini]s fori, accipitur unus ob(olus). Item, de quolibet corio piloso accipitur [unus] ob(olus). Item, de omnibus pellibus non confectis. accipitur de quolibet solido una pog(esia). Item, saumata sirogrillor(um) vel cujuslibet venationis [   ]u(m) dat quatuor den. pro pedatgio, et, si non est saumata, de quolibet sol[id]o accipitur una pog(esia) a ven·ditore pro lesda. Item, deus furous, a[cc]ipitur de quolibet solido una pog(esia). Item, de saumata sirogrillorum vel venationum que extrahitur de civitate accipiuntur quatuor denarii, et si transit de foris accipiuntur quatuor denarii pro pedatgio; si extrahantur de civitate in capite vel humeris, accipiuntur de onere duo denarii; si vero vendantur, accipitur de quolibet solido pojezia a venditore. De omni edo et agno qui venditur vel emitur, accipitur pogezia de quolibet solido tam a venditore quam ab emptore. De omni bove et de asino qui venditur, accipitur unus denarius a venditore et alius ab emptore; et, si transeat de foris, accipitur unus d(enarius) pro pedagio de quolibet. De omni bestia chavalina vel mulatina, accipiuntur quatuor denarii a venditore et totidem ab emptore, et, si transeant de foris, totidem pro pedatgio; bestie vero que deferunt baist (sic) nichil dant pro pedatgio de bast. Item, de omnibus animalibus sicut sunt oves, capre, porci et hujusmodi, accipitur de unoquoque unus ob(olus) tam a venditore quam ab emptore extraneis; si vero sunt cives, nichil dant, si vero alter illorum sit civis et alter extraneus, extraneus dat et civis nichil. Item, si fit permutatio equi vel muli vel asini vel cujuslibet [huju]smodi animalis, ita quod unus det alii denarios, quia plus valet [animal] illius quam suu(m), accipitur lesda utrinque de utroque animali; [sed si] fit permutatio predictorum non intervenien(t.) d(en.), nichil accipitur [pro lesd]a. Item, de glandibus accipitur lesda de sextario una cossa, si venditur; si extrahitur de civitate, una pog(esi)a de sextario. tem, de tela lanea accipitur de ulna ob(olus). Item, de saumata ollarum vel picheriorum, datur unus denarius de lesda; si extrahitur de civitate vel de foris transit, datur unus d(enarius); si deferatur ad civitatem vel referatur de civitate in capite vel humeris, datur unus ob(olus). Item, de omni vitro in opere formato quod defertur ad collum, datur una copa vale(n)s ob(olum). Item, de piscibus sals(is) qui deferuntur ad collum datur obolus pro lesda. Item, in modio vini quod venditur annuatim accipiuntur duodecim denarii pro tonerio; si venditur insimul, accipiuntur duo den(arii) et ob(olus); tabernarius vero usuarius non dat nisi duos d(enarios et ob(olum); qui vero emit ad hoc ut bibat ipse vel familia sua, nichil dat; si vero vendat, dat pro tonerio ut supra dictum est. Item, de omni homine deferente in civitate ista caseos ad vendend., accipitur semel in anno unus caseus et preterea de qualibet saumata duo denarii. Item, de quolibet batone qui venditur integro vel frustatim accipitur unus denarius tam ab extraneis quam a civibus vendentibus et ab extraneis ementibus. Item, sciendum quod omnia supradicta duplicantur in die nundinarum que fieri consu(ever)unt decem et octo diebus ante Pentecosten, et durat usus accipiendi ratione nundinarum a die Jovis preceden. in qua incoantur nundine usque ad ij[am] fer[m] in qua incipiuntur Rogationes, et hoc int[elligitur] inclusive; excipiuntur tamen p(erson)e libere et de castris liber(is) de q[uibus] supra dictum est; a supradicta autem universitate, de quibus dictum est quod [omnia] duplicantur in nundinis, exipitur annona que venditur de qua non acci[pitur] alio modo quam comuniter alio tempore; similiter et de sale quod vendi[tur]; similiter tempore nundinarum duplicantur omnia que accipiuntur extra p[ro] pedalgio. Item) die Sancte Jovis duplicantur omnia in lesda et in pedagio, quia tunc sunt nundine. Item, inter festum Sancti Micha[ellis] et festum omnium Sanctorum fiunt semel nundine in aliqua illius t(em)p[oris] vj[a] fer[a]. Et hoc quod diximus, quod duplicantur usatica in nundi[nis] intelligitur si res venduntur; et, si non venduntur, persolvitur medi[etas] usaticorum pro adventu ad nundinas. De quolibet extraneo qui ven[dit in] macello frustatim arietem vel ovem vel edum vel agnum acci[pitur] ob(olus), et de bove accipitur medietas pectoris tam de extraneis quam de privatis; si vero non tota caro bovis sed pars ejus in macello vendatur. s(ecundu)m illam partem pars usatici accipitur, et etiam de aliis pecoribus quas vendiderit macellarius in animali existente vivo. De quolibet macellario Tricastrin. civitatis. sive sint fratres, sive socii, sive pater et filius, accipitur in vigilia Nativitatis Domini unum carterium mutonis melius quod invenitur in macello. Item, de quolibet porco qui venditur in macello accipiuntur lumbi ejusdem. Item, de omni cive Tricastrino qui deferat sal cum bestia ad ipsam civitatem accipiuntur duo cartones salis circa Natale Domini. Item. de quolibet homine extraneo qui affert ligna cum bestia accipitur semel in anno una saumata de lignis. Item, de quolibet cive qui habet bestiam vel bestias datur una saumata de lignis et [e]p(iscop)us facit scindi in nemore. Item, de qualibet bestia portante aquam tempore vindemiarum habet dominus episcopus unam saumatam aque. Item, de ovibus, mutonibus et capris domorum religiosarum accipit dominus episcopus pro pulveragio, cum transeunt de foris per territorium istud, unum multonem de comm(en)dat(is) et de hiis qui sunt a miey creiz et de pastoribus, et in descensu de montanis duos vel tres caseos. Item, de animalibus mercatorum qui de foris transeunt per territorium datur pedagium, et non pulveragium. Item, de quolibet cive qui habet boves arativos, debet c[um bob]us suis arativis domino episcopo Tricastrino unum jornal ad voluntatem [ipsius] episcopi tempore seminis, et, si non habet nisi unum bovem, debet cum e[od(em) u]nu(m) jornal ad voluntatem ipsius episcopi. Item, pro bovage d(ebe)t quilibet civis habens boves arativos, quotcumque habeat, unum sextarium ordei semel in anno, et, si non habeat nisi unum, non dat nisi unam eminam ordei semel in anno. Item, si aliqui extra civitatem Tricastrinam morantes et in ipsa civitate vel in ejus territorio domós, vineas vel terras habentes, aliquid vendiderint vel emerint in dicta civitate de hoc quod habent in eadem civitate vel colunt in ejus territorio, sunt liberi sicut cives, de illis vero que aliunde afferunt extranei usaticum dabunt. Item, quilibet civis Tricastrinus, sive sit miles, sive canonicus, sive clericus, sive judex [1], sive quilibet alius, tam civis quam extraneus, de omni re quam emerit dat usaticum sive lesdam si eam vendiderit, quia de tali re empta et vendita non sunt liberi. Item, de quolibet portali uysiera que fiet de novo in veteri pariete et gradario eschalier que venit in carreria et exit, datur domino episcopo pro usatico quinque solid.; si vero funditus paries reedificatus fuerit, nichil datur. Item quodlibet gradarium et eschaliers quod exit in carreria, dummodo sint ibi tres gradus super terram, servit domino episcopo unam gallinam annuatim.

III

12 *septembre* 1222.

[Arbitralis sentencia de leydis et aliis juribus episcopatui Tricastrin. pertinentibus, ab Arelatensi archiepiscopo lata.] [2]

In nomine Domini nostri Jhesu Xpisti. Anno Incarnationis ejusdem millesimo ducentesimo vicesimo secundo, pridie idus septembris. Quia hominum labilis est memoria, idcirco rerum gestarum series scriptorum tenore munitur ne laps[u] temporis ea que rite facta sunt postmodum valeant in dubium revocari. Nos igitur, Dei gratia Hugo Arelatensis archiepiscopus, cupientes sedare discordiam ortam super consulibus, consuetudinibus, pedagiis et pluribus aliis articulis inter venerabilem fratrem nostrum Gaufridum episcopum Tricastrin. ex una parte, et

[1] Sic. *judex*, quoique plus haut il y ait *judei*. Quelle est la véritable version?

[2] Inséré dans l'acte n° IV.

universitatem civitatis Tricastrin. ex altera, ipsosque ad concordiam revocare, cum in nobis partes compromiserint et compromissum sit juramento et aliis ydoneis cautionibus convallatum quoquomodo nobis placuerit diffinire, assistentibus nobis venerabilibus fratribus nostris W. Avinion. et R. Vasion. episcopis, sic diffiniendo mandamus quathinus consules a civitate perpetuo removeantur; constituantur tamen ibidem quatuor, videlicet unus canonicus, unus miles, duo probi homines, super clausur., collect., vintenis et aliis publicis operibus colligendis et faciendis, et illi eligantur singulis annis ab episcopo cum consensu clericorum, militum et proborum hominum. Item, de sacramentis et confirmationibus factis ab eadem universitate frangendis et imperpetuum removendis, hoc solummodo retento sibi ad invicem in juramento quod ea que expenderunt usque modo et que pro iminentibus in presenti expensis eosdem expendere contigerit, possint colligere et se ab obligationibus quibus tenentur super hiis expedire. Item, de clavibus civitatis quod eas episcopus alicui vel aliquibus probis hominibus de civitate ydoneis et suspitione carentibus commendet, ita quod eas possit retrahere episcopus cum sibi placuerit et necesse fuerit. Item, quod non recipientur inimici] episcopi ab aliquibus de civitate sine voluntate sua postquam eis denuncia[verit]. Item, de pedagiis Mornacii et Montisdraconis, ne ea deinceps [exhi]gat episcopus vel aliquis nomine suo actemplet percipere specialiter [prohi]bemus, si domini Mornacii et Montisdraconis pedagium non acceperint ab hominibus Sancti Pauli; pedagium vero de Dosera et Castrinovi percipiat, si hoc ex largitione imperiali sibi sit indultum vel ex longa consuetudine ea percipere consuevit. Item, omnes stagerii qui per annum moram fecerint in civitate Tricastrin., ejusdem sint conditioni[s u]nius et alii qui moram assiduam in civitate faciunt, ex qu[o] episcopo juraverint et eidem fideli(ta)tem promiserint. Item, episcopus unum constituat qui lesdas suas exhigere procuret. Item, de amigdal(is) et civata, quod tantum accipiat de lesda in raso quantum in cumulo percipi consuevit, ita teneat episcopus sicut predecessores sui tenere consuerunt. Item, mercatum sit in die Veneris, dum pax in terra ista fuerit optime. Item, si quis extraneus non inimicus pacis et fidei vel episcopi vel capituli aliquid vel aliqua in civitate depposuerit Tricastrin., omni gaudeat securitate, nisi culpa propria ceciderit in comissum. Item, permutatio Guill' de Sancto Paulo facta de staribus et aliis firmiter observetur et ab episcopo et capitulo in publico laudetur et confirmetur, et in animabus episcopi et capituli ab aliquo juretur. Item, in causis que in civitate movebuntur, talem episcopus habeat judicem qui partibus nullomodo possit esse suspectus. Hec omnia singula et universa per capitula superius sigillatim divisa inviolabiliter precipimus observari, penam perjurii imponen(tes), si quis temere contra hanc mandati nostri seriem ullis temporibus fuerit venire actemptatus. Addimus etiam quod obsides et juratores et omnes denique cautiones eo modo quo nobis in presenti astricti dinoscantur ab isto festo beati Michaellis usque ad aliud festum

anno scilicet revoluto pereque interim astringantur, ita videlicet quod,
si aliqua parcium contra omnia vel aliqua venire presumpserit, per
easdem compelli valeat cautiones. Acta fuerunt hec omnia in ecclesia
Sancti Pauli Tricastrin., in qua numerosa multitudo populi utriusque
sexus pro audiend(is) supradictis convenerat. Testes interfuerunt pre-
sentes et consencientes Jordanus archidiaconus, Armandus sacrista,
Gontardus precentor, Bertrandus de Dosera, Guill^us Isnardi, magister
Raymundus, Guill^us Maleferratus, Juvenal(is) Falco, Guill^us de Vasione et
Imbertus de Raco, cauonici ecclesie Sancti Pauli Tricastrin(ensis). Item,
interfuerunt testes Amicus Arelaten(sis) archidiaconus, Bern. sacrista
ejusdem ecclesie, Gaufredus de Parco prepositus Avinion. Faraudus cano-
nicus Vasion., Nicholaus, Pastor et Aymo sacerdotes. Rostagnus de
Codoleto, Bertrandus de Aurasica et Raistagnus causidici, Bonifacius,
Petrus Merlieras, Petrus Vieleta, Gibelinus, Radulfus Graneti, Pe(trus)
Amalrici, Pe(trus) de Cadarossa, Guill^us la Rocha, Raymundus de Dozera,
Guill^us Gros, Rostagnus Artaldi, Berengarius Rambardi, Jordanus de
Chaudabona, Guill^us St(epha)ni, Pe(trus) Martini, Girardus Vileta, Ste-
phanus Rollandi, Stephanus Faber, Pe(trus) Rollandi, Radulfus Gonterii,
Berengarius Isnardi, Poncius Chalmeri, Gadanetus, Guill^us Arnaldi,
Artaldus Franci, et plures alii, et ego Aldebertus de Adano. notarius dicti
domini archiepiscopi, qui mandato ejus hec omnia scripsi et bullam
suam apposui et de mandato domini R. prepositi et capituli Arelaten(sis)
hanc cartam bulla capituli Arelaten(sis) sigillavi.

IV

16 *juin* 1249.

[*Authentica precedentis arbitralis sentencie transcriptio*] [1].

« In nomine... Anno Incarnat. ejusdem millesimo ducentesimo vicesimo
« secundo, pridie idus septembris.... Nos igitur Dei gratia Hugo Arelaten.
« archiepiscopus... (*voir l'acte* III *ci-devant*).. Arelaten(sis) sigillavi. » Hinc
est quod, anno Domini M° CC° XLVIIIJ°, XVJ kal. julii, ego Aimericus pu-
blicus not(ar.) Trica(strin.), auctoritate ac mandato domini L. Dei gracia
Tricastrin. episcopi, testibus presentibus et ad hoc vocatis et rogatis W^mo
Feraudi precentore Tricastrin.. R. Mosterii presbitero, P. Petit canonico
Tricastrin., Poncio Hugoleni diacono, Poncio Coni clerico, Bertrando Coco,
auctoritate, inquam, et mandato a memorato domino episcopo Tricastrin.

<hr>

[1] *Cartul*. cit., reg. cit., ff. 161 v° et 178-81, vidimus du 24 mars 1466, fait
sur « documenta...iu archivis episcopalibus Tricastrin., in quod. libro appel-
lato Pelhono dicti episcopatus plura documenta continente, folio xjx° a tergo
et xxj°, descript(a), jura episcopalia in civitate Tricastrina, consuetudines et
usatica de lesdis et aliis juribus pedatgiisque continent(ia), et in instrumento
publico bullato ut in illo sub scripto declaratur etiam content(a) et descript(a),
unius et ejusdem tenoris existentis cum *Pelhono*... »

super hoc michi facto et prestito, sicut i[n] originali instrumento bulla venerabilis patris Hugonis Dei gracia Arelat[en(sis)] archiepiscopi et etiam bulla capituli Arelaten(sis), bullato et ab Aldeberto de Adano, notario memorati domini archiepiscopi confecto, sine omni lictub. et vicio vel vituperatione apparente, scriptum inveni sic, absque omni additione et diminutione qualibet, transcripti et bulla domini L. predicti, Dei gratia Tricastrin(ensis) episcopi, bullavi et signum meum hic apposui. Et sequitur tenor de usaticis et consuet. jurium dicti episcopatus Tricastrinen(sis) : « He sunt consuetudines... (*voir l'acte* II *ci-devant*)... gallinam annuatim. »

<h1 style="text-align:center">V</h1>

1er mai 1461.

Concessio articulorum tenendorum super mercato renovato et concesso ad decennium pro civitate Tricastrin. per domin. nostrum episcopum Tricastrin. et ipsius mercati concessi approbacio [1].

In nomine Domini nostri Jhesu Xpisti, amen. Anno ejusd. Domini M°CCCC° LXJ° et die prima mensis madii, noverint cuncti presens publicum instrumentum inspecturi, quod, in presen(tia) mei notarii publici et testium infrascriptor., cum reverendus in Xpisto pater et dominus noster dominus S., Dei gracia Tricastrin. episcopus et comes, ad decennium renovaverit et concesserit mercatum sive forum Tricastrin. per suas l(icte)ras patentes et publicas super hoc concessas, ad augmentum rey publice, prout hec et consimilia jura, auctoritates et facultates insolidum sibi tam per se quam suos antecessores pleno jure pertinuerunt et pertinent, in exequtionem hujusmodi renovationis et concessionis mercati sive fori dicte civitatis Tricastrin., per eumdem ut premictitur renovati et concessi, ad utilitatem et augmentum rey publice et subditorum commun. auctoritate sui episcopatus et sue ecclesie, prout ad eum ut supra pertinet et spectat, dedit et concessit ac ordinavit articulos infrascriptos fore observandos, habitis prius deliberatione matura cum fratribus suis personatibus et canonicis ecclesie Tricastrin. ac sindicis et consiliariis universitatis et communitatis civitatis Tricastrin., ipsorumque acensu et consensu intervenientibus, ipsosque articulos sive capitula ordinavit et precepit voce preconia per nobilem Claudium Audigerii bayllivum Tricastrin. ibid. presentem facere publicari in locis solitis, ut nullus de contentis in eis ignoranciam prethendere possit, ad fines observationis eorumdem et contentorum in eis prout in ipsis declaratur, quorum tenor hic sequitur et est talis :

<hr>

[1] *Cartul. cit., reg. cit.,* f. 28-30. — Outre cette première copie, qui est la meilleure et la plus complète, il existe dans le même registre (f. 57-8) une seconde copie de cet acte; elle nous a permis de remplir quelques lacunes faites dans la première par l'usure du papier, et nous a fourni les variantes qu'on trouvera ci-après au bas des pages.

Segon se los chapitres dal mercha de la cieutat (1) de Sant Pal, de las
libertas et de la declaration daquel. donat et donadas, renovelat et reno-
veladas per lo reverend peyre en Dieu mossen Stene Geneves, per la gracia de Dieu evesque et conte de Sant Pal. Et premierement (2) es as-
sab[er] que lod. (3) mercha en ayssin (4) comme de ancienitat (5) era, es et
deu esse (6) et sera ses tengut. et (7) se tendra (8) chasch[u]n (9) divendres. Item, que lodich mercha (10) es et sera franc [a to]utas personas et
merchandisas que vendran ou seran [a]pportadas audich mercha et lo
tendran en tenent vo dis[playa]nt (11) merchandisas que avuas (12) que
syan de tota intra[da et salbi]da de totas leyda, peyatge et (13) tribut [a]
c[ausa daquela]s ou merchandisas [ou] personas aquelas portans ou fai-
sen portar duran lo terme de des ans avenir, et per chaschun merchat
(14). Item, parelhament totas personas et merchandisas quavia que sian
duran lod. (15) terme de des ans son et seran quictes et franches (16) de
tout peatge (17) et leyda et aul[tre] (18) charge ou (19) dreyt (20) que
vendrant merchandisas et tendrant (21) lod. mercha vo displayran (22)
en aquel comme dessus es dit (23) durant ung jort natural declara comme
sen sec (24). Item (25), lodich jort natural, affin que los merchans et
merchandises (26) pueschant (27) venir estre portadas et sen retornar
aysadamen (28), commensara lo dijoys (29) a myey jo[rt] (30) et durara
tout lo vendres entier (31) et lo sandes lendemain (32) entro a la messa
dicha (33) per mean so que non se displuye ren si non lo divendre sobred (34).
que (35) lodich jort daud. mercha (36) ny se venda vo si compre ren si non
que fos de la licencia dald. moss^r de Sant Pal. Item, en cas que se ven-
drian merchandisas (37) lodich jort dal disandes (38) s[er]an quictes (39) los
vendens desplayant (40) et comprans lod. dissandes per dimyey peatge et
dimye layda, salvas los aultres dretz degutz que payeran au dit monss°
de Sant Pal duran losd. des ans per lod. merchat comme dessus et jort
natural es declarat, et aquestas chausas dessusd. sentendont (41) quant al
regart daquelos que (42) auran tengut lodich mercha et non pas daultras
personas quavuas que sian (43) que vendran ou passaran lod. dissandes ou
comprarian, car aquelos payarian peatge, leyda et aultres dretz (44) comme
es acostumat, et pareilhement lod. divendres (45). Item, que tout bestiari bovin, rossatin, mulatin, moytous, fedas, chabras, porcz et aultre
(46) bestiari de cavua especia et maniera que sya, que vendra vo se me-
nara vo portara aldich mercha, et lo tendra comma (47) dessus es declara durant lo dich jort natural dessus especifiat, a[ur]a libertat de po-

(1) ciutat. — (2) premierament. — (3) lo dich. — (4) eissin. — (5) ancie(n)neta.
— (6) essor. — (7) et *manque*. — (8) et se ten. — (9) chascun dyv.. — (10) merchat.
— (11) despleant. — (12) quavuas. — (13) salhida et trib... — (14) causa daquella
durant lo terme de x. ans advenir. — (15) toutas personnas et... dises quavuas...
rant lodich. — (16) quictias et franchas. — (17) peagez. — (18) autra. — (19) vo.
— (20) drech. — (21) vendran...dise et tendran. — (22) despleyaran. — (23) dich.
— (24) ses. — (25) que lod. — (26) ..disa — (27) pueyschan. — (28).. ment. —
(29) dyjous. — (30) jourt. — (31) enter. — (32).. man. — (33) tro a hora de tercya
per — (34) desploge vo se vendi vo compria ren. (35).. vendres de sobredich
que es lod.. — (36) jort dol dich merchat, *et le reste jusqu'à* Item *manque*. —
(37)..disa. — (38) dissandes. — (39) quictes. — (40) los vendreys despleyans. —
(41) ..sandes per demiey peage et demye les da durant los dich x ans. Et ayso
sentent quant. — (42) aquellos qauran. — (43) daultris que vend.. — (44) ven-
drien vo passarien lodich dissandes vo comprarien, quar aquelles payaran
peage, leyde et autris drechs. — (45) accost.. paralhement lod. vendres. —
(46) porcs et autre. — (47) come.

der pasquayrar (1) franc et quicte de t[ot] pasquayratge (2) venent et
stant et (3) retornan[t, sa]ivant las tallas de possessious particularas a[
las qualas (4) seran tengus lodich b[esti]ari vo los mes[tres daquel a]
la estima dals prod[omes] juras de la[dicha ciou]tat en cas que se far-
[ia]n [vo] se donar[ian comme dals babi]ta(n)s de lad. cioutat. Item plus,
que los merchans et bestiari de qualque maniera que sya, affin que pueschan plus aysadamen (5) merchandar et istar (6) lodich bestiari, sera
quicte de tout pasquayratge (7) payar de lun mercha a lautre et seran
daysso en francha et quicta libertat, reservadas (8) la talas dessusd(ic)-
tas (9) si las fasian (10), et, si plus volian istar, avant payaran (11) et acor-
daran ambe aquelos a que toucha lo drech dal (12) dich pascayrage.
Item, en cas que los merchans ave(n)t merchandises comma (13) draps,
lanas, telas, (14) blas, civadas, ordis, segles et aultres (15) grans quavus
que sian (16) vo merchandisas autres mortas, volens layssar lasditas
merchandisas en lad. cieutal (17), los sindigues daque la sera (18) tengus
de las far gardar seguramen et franchamen (19) et quicta aus despens,
perilh et charga de lad. cieutat de lun mercha cuter al autre et plus sy
besonh es, au cas que losd. sindiz (20) en seran requis. Item, mays, affin
que losd. merchans et merchandisas pueschan (21) venir, demourar, ystar,
retornar plus francheme(n)t (22) et alegrame(n)t, an volgut et son con-
tens (23) mons. de Sant Pal, mons. de Targis (24) et de Bausmes, et mess
de Chapitre et (25) universitat et gleysa, et lotz (26) et chascuns merchans cieutadans et habitans de lad. cieutat de Sant Pal vo mandament
daquela (27), que tota (28) persona venent, istant (29) vo retornant duran
(30) lod mercha eneyssin comma (31) dessus es declarat, per nengun
debte faich (32) fora et de causa non touchan lod. (33) merchat, en tant
que poyria (34) tochar los dess(us)ditz (35) vo qual (36) que sya dellos sya
francha et quicta (37) de tout arrest et detension p(er)sonal (38) et de
toutas (39) sas merchandisas (40) a causa (41) de tous et chaschun debtes (42)
que toucharian ou (43) poyrian tochar los dess(us)d. mess et personas (44)
vo chascun delos (45) et dellas, et en ne(n)guna m[anie]ra per vo a causa
vo occasion dals sobrediscz deb[tes (46) vo] de qual que sya daquelos (47)
nenguna persona (48) v[ene](n)t, [istant] aud. merchat, merchandant vo
non merch[andant, tenent lo merchat vo non tenen]t, despleant vo non
despleant merchandisas, non pueschan estre arrestadas ny sas merchandisas vo aultres (49) bens me[s] sian francha et franches comma (50) dessus
es declarat; et pareilhament (51) lad. francheta et liberta (52) se extendra
et sera observada au regard dals aultres (53) extrangiers, si non que fes-
son (54) expressamen (55) obligas a caption et arrest. Item, affin que los

(1) pasqueyrar. (2) pasqueyrage. — (3) venent, istant et ret.. — (4) quallas.
— (5].. ment. — (6) ystar. — (7) .. rage. — (8) reserva. — (9) ..dichas. — (10) fa-
sien. — (11) parlaran. — (12) dreich al dich.. — (13) comme. — (14) lanes, tellas. —
(15) autres. — (16) syan. — (17) cioutat. — (18) daquellas serans ten.. — (19) ..ra-
ment et franchament. — (20) sindigues. — (21) pueychan. — (22) ..cham.. —
(23) contents. — (24) ..ges. — (25) chappitre, univ.. — (26) tots. — (27) ..ella. —
(28) touta. — (29) ystant. — (30) ..ornent durant. — (31) comme. — (32) depte
fach. — (33) tochant ied. — (34) poyrra. — (35) ..dichs. — (36) quals. —
(37) quictia. — (38) ..nal. — (39) toute. — (40) ..dises. — (41) cause. —
(42) chascun deptes. — (43) toch variano poy.. — (44) messenbors et person-
nes. — (45) dellos. — (46) ..dichs depte. — (47) daquellos. — (48) personna. —
(49) merchandisas vo autres. (50) mes fran, franche et franchas comme. —
(51) parelhament. — (52) libertat. — (53) autres. — (54) fessan. — (55) ..ment. —

merchans estranges peschan (1) plus aysadamen (2) merchandar vendent ou comprent (3), que nenguna (4) persona de lad. cieutat (5) non puischa (6) comprar nungunas (7) merchandisas en gros aldich merchat davan lora de miey jort audich divendres. Item, que nenguna persona de lad. cieutat (8), ny merchant ny aultra persona (9) de quavua condicion que sia, non ause comprar nengunas merchandisas vivas vo mortas, fora de lad. cieutat et de las plassas ordenadas, ny far ny far far (10) nengunas aultra (11) chausa en rompent lod merchat vo preiudice et fraud daquel. Item, que chascune (12) persona fasen (13) lo contrari de las chausas sobreditas (14) vo de qual que sya daquelas (15), cometra et encorrera (16) las penas ou pena de xxv sols per chascune (17) ves que se trobaria (28) dal contrary. Item, que en cas que las doas feyras (19) que son lo p(re)mier jort (20) de may luna (21), et l'aultre (22) lo jort de Sant Luc chascun an. en lad. cieutat, et se tenon per tres jors chascuna, tonbarian ald. jort dal dich merchat (23) dessus declarat vo lo jors (24) sant, en aquel cas lasd. feyras duran (25) al jors sans se payora (26) comma (27) es acoustumat (28) en lasd. feyras et jors sans et elas (29) durans, non obstant las libertatz (30) dessusd. ; las aultres (31) chausas dessus passadas toutas demourant en leur fermetat et libertat comme dessus es declarat a causa dald. merchat. Item, a toutas personas et per toutas merchandisas vivas vo mortas et aultras (32) causas se tendrent (33) les melhors et plus gracious term[es en] so que dessus esd. et autrement que fayre se poyra ; salvat (34) tout jors l[a   ]p(re)[mi(n)en]-s[as] et dreyt et [   ]es de la gleysa et [   ].

Quibusquidem articulis et capitulis per dict. dominum nostrum episcopum Tricastr. ut premictitur ordinatis, datis et concessis pro dicto tempore decennii dict(is) procuratoribus et universitatis communitat(is) Tricastrin., auctoritate sua insolidum prout sibi pertinuit et pertinet ut supra et juribus suis in eisdem capitulis declaratis, id. dominus noster episcopus de novo imquantum opus est renovavit, dedit et ordinavit dictum forum seu mercatum Tricastrinum et datum pro dicto tempore et data supra confirmavit, aprobavit et amologavit, salvis semper auctoritatibus preeminenciis, prerogativis et juribus sui episcopatus et sue ecclesie Tricastrin .aliis : de quibus omnibus et singulis premissis dictus dominus noster episcopus Tricastrin. precepit et voluit fieri dictis procuratoribus et communitati Tricastrin. publicum instrumentum per me notar. public. infrascriptum, et etiam pro se et dicto episcopatu suo Tricastrin., ad eternam et perpetuam rey memoriam. Acta fuerunt hec Tricastrini, in castro episcopali Tricastrin. sive palacio, in galaria sive deambulatorio ante cameram paramenti dicti domini nostri episcopi orientalem supra penus

(1) pueschau. — (2) ..ment. (3) ent vo comprant. — (4) ..gune. — (5) cioutat. — (6) puescha. — (7) ..gunes. — (8) cioutat. — (9) autra personna. — (10) ou far f.. — (11) gune autra. — (12) chascuna. — (13) fasent. — (14) dessusd. — (15) daquellas. — (16) commetra et encorra. — (17) chascuna. — (18) trobara. — (19) fyeras. — (20) jourt. — (21) lune. — (22) l'autre. — (23) marchat. — (24) jous. — (25) duraus. — (26) payara. — (27) comme. — (28) acost.. — (29) ..ns, ella et el dur.. — (30) ..tas. — (31) autras. — (32) autras. — (33) tendran. — 34) salvat *et le reste manque*.

ex(is)tentem, presentib. ibid.ª m(agistro) Stephano Radulphi not° Tricastrino et cive, Joh° Ymberti, de Petralata, dioces. Tricastrine, Alexandro Regis, parochie de Cornieu, dioces. Hostiensis, testibus ad premissa vocatis, et me Petro Garnerii, capp°° notario ac secretario ut supra, etc.

ANGERS, IMP. SURDIS ET Cⁱᵉ, 4, RUE GARNIER.